Tsai Wan-Shuen

Aus dem taiwanischen Chinesisch von Alice Grünfelder

Im *Meer*
AUFWACHEN

Gedichte von Mutter und Kind

Impressum

Titel: Im Meer aufwachen. Gedichte von Mutter und Kind
Titel des Originals: 我想欲踮海內面醒過來： 子與母最初的詩
Text: Tsai Wan-Shuen
Übersetzung: Alice Grünfelder
Lektorat: Nora Frisch
Redaktion: Nora Frisch
Covergestaltung: Julia Hofmann
Layout und Satz: Datagrafix GSP GmbH, Berlin

Bibliografische Information der Deutschen Nationalbibliothek: Die Deutsche Nationalbibliothek verzeichnet diese Publikation in der Deutschen Nationalbibliografie; detaillierte bibliografische Daten sind im Internet unter http://dnb.dnb.de abrufbar.

© 2024 Drachenhaus Verlag

Das Original erschien 2017 in Taiwan bei © Initial Publish

Dieses Werk einschließlich aller seiner Teile ist urheberrechtlich geschützt. Jede Verwertung außerhalb der engen Grenzen des Urheberrechtsgesetzes ist ohne Zustimmung des Verlags unzulässig und strafbar. Das gilt insbesondere für Vervielfältigungen, Übersetzungen, Mikroverfilmungen und die Einspeicherung und Verarbeitung in elektronischen Systemen.

Gedruckt in Deutschland auf FSC-Papier.

Die Produktion dieses Buches wurde durch die freundliche Unterstützung des Kulturministeriums der Republik China (Taiwan) ermöglicht.

ISBN: 978-3-943314-82-3

Lieferbares Programm und weitere Informationen:
www.drachenhaus-verlag.com
www.facebook.com/drachenhaus
www.instagram.com/drachenhaus.verlag

Inhaltsverzeichnis

Zeichen aus dem Meer................8

**Ameng spielt mit dem Meer –
Penghu**............................. 11

Ameng spielt mit dem Meer.........12

Verabredung mit dem Meer.........14

Frühstück am Meer...................16

Auf dem Balkon stehen und
in die Nacht hinaus sehen........... 18

Das Haus des Meeres............... 22

Freunde.............................. 24

Gedicht von Mutter und Kind
Naturbeobachtungen............... 26

Zeit in den Bergen – Xindian........ 31

Eine Umarmung..................... 32

Erinnerung an Jiajiuliao............. 34

Rollen zuweisen..................... 36

Ohrenschmalz 38

Ein Loch im Berg 40

Den Fluss verlassen 42

Honiglicht überm Wasser 44

Die Seele des Flusses 46

Mondschilf 49

Mondschilf 50

Wie die Tage vergehen 52

Ich komme aus dem Meer 54

Gedicht von Mutter und Kind –
das Meer 58

Kleine Milchstraße 62

Ein Leben und eine Geschichte 64

Anhang 67

Zum Buch 68

Die Autorin 70

Die Übersetzerin 71

Zeichen aus dem Meer

Aus dem Meer
tauchen Zeichen
auf.

Auf dem Papier
sind Zeichen die Seele
der Welt

legen sich übereinander
eins übers andere.
Sieh nur diesen Satz:
Ich
will auf
Zehen ins Meer
und aufwachen.

Auf Zehen ins
Meer und darin
erwachen.

Sprich leise mit
dem Kind
es weiß noch nichts
von der Sehnsucht nach Zeichen.

海的字的湧

海的
字的
湧

紙上
天地
字的魂魄

相疊
浮沉
看顧一句話：
我
想欲
跍海內面
醒過來

我想欲跍
海內面醒
過來

講的彼一个
細細漢人
猶閣毋捌
漢字的相思

AMENG SPIELT MIT DEM MEER

PENGHU

Ameng spielt mit dem Meer

Die Sonne kommt
geht unter im Meer.

Ameng spielt mit dem
mächtigen Meer.

Ameng isst das Meer
salzig das Wasser

weiß die Wellen
herrlich die Möwen.

Doch Ameng denkt nur
an das Spiel mit dem Meer.

Ein Mal mehr
dann ist gut.

阿萌玩海

太陽來啦
落到海這裡

阿萌玩海
海超～大的

阿萌吃海
海水鹹鹹

海浪白白
海鳥光光

阿萌還想
去玩海啦

再一次
就好了～

Verabredung
mit dem Meer

Da ist Ameng und betrachtet
das Meer.
Da ist Papa und betrachtet
das Meer.
Ameng und Mama betrachten
zusammen das Meer.

Der Klang des Meeres
sind die Wellen.
Les Vagues ...
und noch einmal:
LES VA~~~GUES! / Weeellleeen!

shi ... shhhii
shi ... shhii

Der Wind wird Ameng finden.
Das Meer kehrt morgen zurück.

Leise rauscht es. Und laut
für eine kleine Weile, dann für
lange Zeit!

海的約會

是一個阿萌在看海
是一個爸爸在看海
是阿萌媽媽在看海

海的聲音
就是海浪
Les Vagues ...
再一次：LES VA～～～GUES!
「嘶 … 咻嗚 …」
「嘶 …… 咻嗚！」

風，它會找到阿萌
海，明天還會回來

有小聲。也有大聲
有小小陣，也有大大陣！

Frühstück am Meer

Ameng isst Brot
Fliegen schwirren um den Kopf
Ameisen kriechen auf der Erde.

Kommt, ihr Fliegen, seht Ameng beim
Essen zu.
Kommt, ihr Ameisen, Kekse
zerdrück ich für euch.

Spatzen hüpfen hin, hüpfen her
das Schiff auf dem Meer
wiegt in den Wellen.

Wie heftig weht heute
der Wind.

在海前面吃早餐

阿萌吃麵包
頭上有蒼蠅
地上是螞蟻

蒼蠅蒼蠅，來看阿萌吃飯囉～
螞蟻螞蟻，我手拍拍餅屑都給你啦

麻雀們在跳跳跳
船在海上面
搖啊搖

今天的風
好大啊

Auf dem Balkon stehen und in die Nacht hinaus sehen

Dort wohnt das Meer.
(Sie streckt den Finger in den Himmel.)
Nachtschwarz ist die Küste
eine Treppe führt hinunter zum Strand.

kri krich ich
singen die Ameisen ihr Lied!
(Sie lauscht, flüstert, neigt den Kopf.)
winzig ig ig
eilig lig lig

Wieder versteckt sich der Mond
heute Nacht und schläft.
Nur die Straßenlaternen leuchten
ihr orangenes Licht.
Gute Nacht, ihr da draußen!

站在露臺，看夜晚的風景

那是海的家
(手指前方的空氣)
黑黑的海邊
有海的樓梯

吱吱吱吱……
螞蟻在唱歌！
(邊聽邊唸，唸到歪頭)
滴滴滴滴……
急急急急……

今晚的月亮
又躲起來睡覺了
只有路燈出來而已
橘子色的路燈
全部bye bye…

Oh, da kommt Totoros Bus.
(Er fährt die hell erleuchtete Straße am Meer entlang.)
Auch wir fahren mit dem Bus weiter, auf Wiedersehen (und winken zum Abschied).
À demain ... Bis morgen.

喔，Totoro的公車來了！
(咻～開過路燈照亮的海心路)
我們也和公車bye bye喔（搖手、再搖手）
À demain ...

Das Haus des Meeres

Seit Tagen will Ameng das Meer
streicheln
doch das Wasser ist eiskalt
will nicht gestreichelt werden.

Sie duckt sich hinter Felsen
streckt den Kopf, versteckt sich vor
den Wellen.

Als sie im Bett liegt
fragt sie: Schlafen wir morgen auf
dem Schiff?
Dort gibt es viele bunte Fische
violett wie Auberginen, dunkelgrüne,
orange wie Kürbisse
und Fische, so braun wie Erde mit
wasserblauen Tupfen
und welche, die aussehen wie Frösche.

Die Froschfische können schwimmen
sind dunkler als dunkelschwarz.

Ihre Augen
und die Nacht
haben dieselbe Farbe.

海的家

好幾天,阿萌想要摸海
可是海水冷冷
不想讓她摸

只好躲在玄武岩後面
伸頭和海浪玩捉迷藏

躺在床上的時候
她說:明天我們睡船上好嗎?
船裡頭,有很多顏色⋯⋯的魚
有紫茄色的　青綠色的　南瓜色的
也有土黃跟水藍色點點
還有像是青蛙的魚

像青蛙的魚也會游泳
牠們是黑黑的黑色

跟眼珠
跟夜晚
都是同一種顏色

Freunde

Der Freund meiner Mama ist Papa.
Der Freund von Opa ist Oma.
Das Haus ist der Freund des Autos.
Der Sand ist der Freund des Meeres.

Die glitzerfunkelnden Sterne sind
die Freunde des Monds.
Die klitzekleinen Fische sind die
Freunde des großen Fischs.
Der Regen ist der Freund der Erde.
Den Freund der Sonne kenn ich nicht.

Der Gecko ist der Freund der
Moskitos.
Das Kätzchen ist mit dem Hund
befreundet.
Die Freunde von Ameng sind Papa
und Mama
manchmal auch die Kuschelgans
und das Kätzchen.

Der Freunde der Nacht? Die Wolke,
die blaue und die weiße Wolke.

朋友觀

媽媽的朋友是爸爸
外公的朋友是外婆
房子是車子的朋友
海是沙的朋友

月亮的朋友是星星
魚的朋友是小小魚
下雨是地上的朋友
太陽的朋友我不知道

壁虎是蚊子的朋友
貓咪是狗狗的朋友
阿萌的朋友是爸爸媽媽
可是有時是鴨鴨和貓咪

夜晚的朋友？是雲
藍色的，和白色的雲

Gedicht von Mutter und Kind Naturbeobachtungen

Gestern habe ich Schafe gesehen.
(Was essen Schafe?)
Schafe essen Blätter, essen Gras.
Wenn der Onkel sie füttert, blöken
sie: köstlich!

Später haben wir Fischen und
Meeresschildkröten zugesehen,
wie sie schwimmen, wie sie fliegen!

(Was essen Fische?)
Fische essen Wasser.

(Und was essen Fische mit kleinen
Schwänzen?)
Die essen Wassertropfen.

(Was macht der Mond?)
(Senkt den Kopf.) Der Mond schaut
Ameng zu.

母子詩－自然觀察

阿萌昨天去看羊
（羊吃甚麼東西？）
羊吃樹葉，羊吃草
舅舅餵羊，羊說：咩～

然後我們去看魚，看海龜
牠們都會游泳，也會飛喔！

（魚吃甚麼呢？）
魚吃水

（啊……小尾的魚吃甚麼呢？）
小尾的魚吃小小的水

（月亮在做甚麼呢？）
（抬頭）月亮在看阿萌

(Was macht der Strand?)
Der Strand schaut hinauf zum Himmel.

(Und das Meer, was macht es?)
Das Meer ... träumt.

（沙灘在做甚麼呢？）
沙灘，在看天空

（那海，在做甚麼呢？）
海……它在做夢

ZEIT IN DEN BERGEN

XINDIAN

Eine Umarmung

Ich will eine Umarmung, so schwarz
wie die Nacht
und darin einen Sonnenschein.
Zuerst ist die Nacht im Mund der
Sonne.
Aber dann wird etwas anders ...
Jetzt ist die Sonne im Mund der Nacht.

一種擁抱

「我要一個全部黑色的抱,就像在夜裡有陽光。一開始,夜晚在太陽嘴裡。可是現在換過來了⋯⋯ 是太陽在夜晚的嘴裡。」

Erinnerung an Jiajiuliao*

„Wie schön der Efeu hier
herabhängt!", sage ich.
„Das ist Regen", sagt das Kind
und staunt.
Ringsum zirpen Zikaden, da frage
ich: „Und was ist das?"
Ohne zu zögern, antwortet sie: „Musik."

* kleiner Wasserfall bei Wulai

加九寮小記

看到藤蔓垂下，我說：你看，好漂亮。
小人愣了一下：「那是下雨。」
聽見四周蟬聲漸響，我問：那是甚麼？
她不假思索：「Musique.」

Rollen zuweisen

An einem Tag im Oktober gingen wir in die Berge wandern, unterwegs machten wir Rast an einem Bach, aus dem Felsen ragten, und aßen etwas. Als Ameng das klare Wasser sah, die kleinen und großen Steine im Bach, dahinter die Felswand und ringsum die grünen Grasbäume, wurde sie still.

Ich ging ein paar Schritte, um mich umzusehen, da sagte sie auf Französisch zu ihrem Vater, der neben ihr am Bach sitzengeblieben war: „Papa ist das Wasser, Mama der Stein. Ameng … ist ein Baum."

角色分配

八月的某一天,去山邊散步,走到半途,三個人停在有石頭的溪邊休息,吃東西。她看到溪水,和身邊大顆小顆的溪石和岩壁、頭頂各種青翠的草樹,一時安靜下來沒有說話。

後來我走向別處看風景時,她以法語跟同坐在溪邊的爸爸說:
「爸爸,是水。媽媽,是石。阿萌⋯⋯是樹。」

Ohrenschmalz

Mein Ohrenschmalz gleicht keinem
Honig
mein Ohrenschmalz ist eher golden.

Wie die Sonne, die gleich hinterm
Berg untergeht
oder wenn sie gerade aufgeht
so golden.

Ach ja, manchmal
hat auch der Mond diese Farbe.

耳屎

我的耳屎不像蜜
我的耳屎比較是黃金

像是太陽快下山和
太陽剛出來的那種
金

喔對了,有時候
月亮也是這種顏色

Ein Loch im Berg

Ein Loch im Hang
das ist der Nebel
der frisst den Berg.

Er isst einen Happen
schon fehlt dem Berg der Kopf.

Würde er einen großen Bissen
nehmen
könnten wir den Berg nicht mehr sehen.

Doch eigentlich tut er nur so
als äße er den Berg.

Weil wir warten, bis
der Nebel zu Ende tanzt

wird der Berg
der Erde wieder ganz zurückgegeben.

山破一個洞

山破一個洞
是霧
在吃山

它吃一小口
山就沒有頭

它如果吃一大口
我們就看不到山

不過其實它是
假裝在吃啦

因為等它
跳舞跳完了

就會把山
通通還給地球

Den Fluss verlassen

Ich bin im Wasser groß geworden.
Ich will im Wasser weiterwachsen.
Jeden Tag ein wenig mehr im Wasser
wachsen.
Ich möchte immer nur im Wasser sein
und wachsen. Groß wie ein Fisch
möchte ich werden.

自水邊離開時

我是在水裡長大的。
我想在水裡長大
我想每天都在水裡長大
我想一直一直在水裡
長大。像一條魚
那樣地長大

Honiglicht überm Wasser

Vor dem Zubettgehen sagt sie, sie hat Durst, also bringe ich einen Becher Wasser in ihr Zimmer. Sie kauert vor der Nachttischlampe und beobachtet, wie das Wasser sich kräuselt, die Glühbirne sich darin spiegelt … da murmelt sie: „Das Licht … ist aus Honig."

水光蜜

臨睡前，她說口渴，只好拿水杯進房間讓她喝水。靠在床頭燈前面，她專心看著杯裡的水波微微振動，看著電燈泡倒映在水上⋯⋯她說："La lumière, c'est du miel ..."

Die Seele des Flusses

Ich bin die Seele des Flusses
die Sonne ist meine Uhr
die Felsen sind die Tore.

Auf den Bäumen trockne ich Wäsche
ich brauche kein Bett und auch kein
Zimmer.
Ich trinke Wasser trinke Wasser trinke ...
und kaue Blätter,
die vorübertreiben.

Die Sonne ist meine Uhr
die Felsen sind die Tore.
Oh, was für ein Morgen!

溪靈

我是溪水的精靈
太陽是我的時鐘
岩石作我大門

在那些樹上,我晾晒衣服
我不需要眠床也不需要
房間
我喝水我喝水我喝……
且我品嚐漂浮的葉

太陽是我的時鐘
岩石作我大門
噢,是清晨!

MONDSCHILF

Mondschilf

Scheint der Mond, ist er mehlweiß.
Scheint der Mond, ist er gelb.
Das Herz des Mondes aber
ist schilfgrün und hell.

Die flirrenden Gräser
blenden die Frau im Mond
und sie wispern
ohne Wurzel, ohne Schatten,
tanzen eine Nacht lang.

An allen Küsten dieser Welt
tun sie es ihnen gleich
tage- und nächtelang

schaukeln und leuchten.

月亮草

月亮時而白面
月亮時而黃身
不過月亮的心
一直是草綠色的,是極光

極亮的一種草
的顏色,整片長在月娘山
它們輕聲細語
無根亦無影,整夜
輕搖輕晃

全世界的海岸
也跟著它們
無日無夜

搖擺,晃盪

Wie die Tage vergehen

Wasserblau ist das Meer heute
grasgrün das Gras morgen.

Schneeweiß sind die Wellen heute
weiß wie ein Schimmel morgen.

Rabenschwarz ist die Sonne heute
goldgelb leuchtet sie morgen.

Heute kuscheln die Schwalben in
ihrem Nest
morgen fliegen sie davon.

度日

今天的海是水藍色的
明天的海是草青色的

今天的浪是白花
明天的浪是白馬

今天的太陽烏陰
明天的太陽閃金

今天的燕子在巢裡相偎
明天的燕子要開始學飛

Ich komme aus dem Meer

Ich komme aus dem Meer
und gleite hinein.

Ich esse den Stein
und streichle das kühle Nass.

Eine Libelle streift meine Schulter.
Zwei gelbe Schmetterlinge strecken
die Fühler aus.
Ein Eisvogel steht auf einem Stein,
sieht sich um
mit dem nächsten Windstoß fliegt
er davon.

Der Wind schaut uns zu.
Die Wolke lauscht.
Ein Blatt fällt herab.
Zikaden begehren auf.
Die Luft bebt.

Ich schreite durch die Zeit
gehe von Ort zu Ort
grabe mit beiden Händen in der Erde
nach den Träumen des großen Bergs.

我自水中來

我自水中來
我往土裡去

我吃石頭子
我沾溪水涼

蜻蜓點我肩膀
黃蝶雙雙來探
翠鳥矗守石頂
一眨眼穿風無形

風來看
雲來聽
一片葉子落
一陣蟬聲起
空間開闊震動

我路過時間
我走向流動
我會以雙手去挖掘
那座大山的眠夢

Meine Mutter sieht mich an
sitzt neben mir
hat noch nicht erkannt
wer ich bin, was ich werde
gibt mir ihre Zeit.

Ein Leben, ein Augenblick nur.
Licht gerieben erzeugt Licht.

Überall ist Ruhe
geheimnisvolles Dunkel.

看顧我
她坐在那裡
看顧我
她尚未認出
我是甚麼人，卻已經答應
拿光陰來交換

一世，片刻
光打磨出光

四處，安歇
留一席給最黑暗

Gedicht von Mutter und Kind – das Meer

Seit unendlichen Urzeiten
träumt das Meer einen Traum.

Träumt Urtausende
korrallenrote Träume.

Träumt von Fischen von Lebewesen
von zahllosen Sandkörnern am Meer.

Der Traum
atmet und schöpft Wasser
wäscht den Körper zu Sand.

Der Traum durchweht die Gezeiten
kehrt wie die Meeresvögel zurück
überquert wie die Seeadler im
Monsun das Meer
nistet sich ein in die Gebärmutter
wie Nebel
träumt von weißen Delphinen und
ihrem Unglück
von der still erstarrten Küste.

母子詩－海洋

自洪荒的洪荒以來
它一直在做夢

做千千萬萬
珊瑚礁的夢

做眾魚眾生
眾沙數的夢

它的夢
把呼吸推塑成物質
把軀殼淘洗為塵埃

它做一代又一代
海鳥歸來和盤旋的夢
做乘季風越洋的鷹群之夢
做每個子宮內的星雲羅列之夢
也夢見厄難中的白色哺乳類
和逐漸僵直沉默的海岸線

Träumt, wie Tränen Insel und
Kontinent überschwemmen
träumt, wie schnell das Königreich
des Abfalls wächst.

Ein Traum wie ein Sturm
Ein Traum wie ein Schrei
wieder und wieder ein Alptraum
der die Menschen willenlos vor sich
hertreibt.

Ein Traum, der Mondlicht über die
Welt sprenkelt
mitleidloses Licht in den Gezeiten
der Urzeiten
im namenlosen Dunkel
nie versiegende Kraft.

夢見自己的淚水淹沒島與洲
夢見極速增生的垃圾聯合國

做大風浪的夢
做大咆嘯的夢
它要做一個又一個惡夢
給不醒的人類去浮沉

但它也做月光遍灑地球的夢
自洪荒的洪荒以來，那樣冷然地灼亮
無名黑暗中的
生生湧動

Kleine Milchstraße

Ich habe einen
schimmernden Stern
der wächst im Bauch der Nacht
wächst zu einer kleinen Welt im All.

Die beiden Herzen trennt
ein Meer, ein schmales

so schmal, dass man
den Herzschlag
auf der anderen Seite hört

und dazwischen
liegen die Urzeiten. So
wie die Sinnsuche zwischen den
Sternen.

Für einen Augenblick nur treffen
sie sich im schicksalhaften Licht
der Wege.

小星系

我有一顆
微渺星球
夜腹一夜
膨脹成小宇宙

從此,有了兩顆心
中間隔著海,小小

的一座海,小到
可以傾聽彼此
顫動的心音

中間又隔著
廣大的洪荒。大到
意識在星際間梭尋

那兩道交會短暫
的運命之光

Ein Leben und eine Geschichte

(Aufmerksam betrachtet Ameng ein Foto von ihrer Mutter, auf dem diese zwanzig Jahre alt ist.)
Sie: (zeigt auf das Foto) War ich da schon im Bauch von Mama?
Ihr Vater: Nein. Damals warst du noch nicht in ihrem Bauch.
Sie: Ach. Dann war ich damals sicherlich schon in einer Geschichte. In einer Geschichte, die „Ameng" heißt.

生命與故事

（她專心看著一張她的媽媽二十歲左右的照片）
小人：（指相片）我以前已經在媽媽肚子裡面了？
小人爸：不是喔。你那個時候還沒到她的肚子裡。
小人：喔。那我那個時候，應該在一個故事裡面？一個叫做「阿萌」的故事⋯⋯⋯

ANHANG

Zum Buch

Eines Morgens sagte Tsai Wan-Shuens Tochter Ameng beim Blick aufs Meer: „Ich möchte im Meer aufwachen". So entstand diese Sammlung mit 22 Gedichten – als Gespräch zwischen Mutter und ihrer Tochter Ameng. Manche Aussage der Tochter hat die Lyrikerin ergänzt und in ihrer Muttersprache Taiyu, also Taiwanisch, niedergeschrieben. Erst bei der Drucklegung übertrug sie die Gedichte selbst ins Standardchinesisch, aus der wiederum die Gedichte übersetzt wurden.

Tsai Wan-Shuens Partner und Vater von Ameng, Yannick Dauby, ist Franzose, deshalb tauchen immer wieder französische Wörter auf; die folgenden Gedichte wurden zuerst auf Französisch niedergeschrieben: „Umarmung", „Ohrenschmalz", „Den Fluss verlassen", „Die Seele des Flusses", „Ein Leben und eine Geschichte". Das heißt, in der taiwanischen Originalausgabe steht an erster Stelle das Gedicht auf Taiyu, dem folgt die standardchinesische

Übersetzung, in den fünf genannten Fällen steht das französische Original allen voran.

Die Sammlung ist in drei Teile gegliedert. Das erste Kapitel trägt die Überschrift „Ameng spielt mit dem Meer". Da war die Tochter zwei Jahre alt, und die Familie lebte auf der Insel Penghu, wo Tsai Wan-Shuen geboren und aufgewachsen ist. Als Ameng fünf wurde, entstand der Zyklus „Zeit in den Bergen", und die Familie zog nach Xindian, ein Vorort südlich von Taipei gelegen. Der letzte Zyklus „Mondschilf" ist als ein Nachsinnen der Lyrikerin selbst zu verstehen. Hat sie zuvor versucht, den Kinderblick relativ direkt einzufangen, spricht sie nun aus ihrer Perspektive über die Zusammenhänge Natur, Kind und Leben.

Die Autorin

Tsai Wan-Shuen wurde 1978 auf Penghu geboren, einer Insel westlich von Taiwan gelegen. Sie lebte einige Jahre in Frankreich, wo sie Bildende Kunst studierte. Seit 2004 erarbeitet sie mit dem Sound-Artist Yannick Dauby, ihrem Mann, diverse Video-Sound-Installationen. Mit ihren Arbeiten zur Insel Penghu und den indigenen Volksgruppen Hakkas und Atayal wurden sie 2016 zur Sidney Biennale eingeladen. Tsai Wan-Shuen spricht mit ihren beiden Kindern Taiwanisch, ihre Muttersprache, und begann auch ihre Gedichte in dieser Sprache zu schreiben; eine Sprache, die während der japanischen Besatzung und des vierzig Jahre andauernden Kriegsrechts unterdrückt worden war. Ihr ganzes Werk – seien es Installationen und Videos, sei es in der Lyrik – ist geprägt von der Auseinandersetzung mit dem Meer und der Welt der Inseln. Bisherige Veröffentlichungen: „潮汐" (Flut, 2006) und „感官編織" (Verwobene Gefühle, 2021)

Die Übersetzerin

Alice Grünfelder studierte nach einer Buchhändlerlehre Sinologie und Germanistik in Berlin und Chengdu (China) und war Lektorin beim Unionsverlag in Zürich, für den sie die Türkische Bibliothek betreute. Ihre Übersetzungen tibetischer Literatur, die auf Chinesisch veröffentlicht wurden, erregten einiges Aufsehen, z.B. *An den Lederriemen geknotete Seele* (1997) und *Flügelschlag des Schmetterlings* (2008, beide Unionsverlag). Seit 2010 unterrichtet sie Jugendliche und ist als freie Lektorin tätig. Von Februar bis Juli 2020 war sie für ein Sabbatical in Taipei (Taiwan). Sie ist Herausgeberin mehrerer Asien-Publikationen, schreibt Essays, Erzählungen, Gedichte und Romane. Das Buch *Wolken über Taiwan*, (Rotpunktverlag) stand 2022 auf der Hotlist der Unabhängigen Verlage.

Die Übertragung dieser Gedichte war dankenswerterweise möglich durch das Translasien-Stipendium der Universität Heidelberg.